AF542807

Frontispiece.

ALPHABET

des petits fabulistes

DÉDIÉ

Aux Enfans des deux Sexes

avec vingt-six Gravures.

Les Animaux malades de la Peste

PARIS

Jh. MORONVAL, Imprimeur-Libraire-Éditeur.

Rue Galande près la Rue St. Jacques

ALPHABET DES PETITS FABULISTES,

CONTENANT

les Fables suivantes : l'Ane vêtu de la peau du Lion ; le Berger et son troupeau ; le Corbeau voulant imiter l'Aigle ; le Dauphin et le Singe ; l'Eléphant et le Rat ; le Fermier, le Chien et le Renard ; la Grenouille et le Bœuf ; l'Huître et le Rat ; l'Idole de bois et l'Homme ; Jupiter et le Métayer ; le Lion et le Rat ; la Mouche et le Coche ; les Nuages et les Paysans ; l'Ours et les deux Compagnons ; le Pêcheur et le petit Poisson ; la Queue et la Tête du Serpent ; le Renard et la Cigogne, le Savetier et le Financier ; la Tortue et le Lièvre ; Ulysse et ses Compagnons ; le Villageois et le Serpent ; Xantus et Esope, etc.

PAR E[d] HOCQUART, Homme de Lettres.

PRÉCÉDÉ

de Modèles d'Alphabets en caractères ordinaires, en Ronde, en Anglaise, et de Phrases à épeler et à lire, en gros caractère ;

TERMINÉ PAR UNE TABLE DE MULTIPLICATION.

Ouvrage orné de 26 jolies figures en taille-douce.

PARIS.

J[h] MORONVAL, IMPRIM. - LIBRAIRE - EDITEUR, rue Galande, 65, près la rue Saint-Jacques.

1843.

A	B	C
D	E	F
G	H	IJ
K	L	M

a	b	c
d	e	f
g	h	ij
k	l	m

N	O	P
Q	R	S
T	U	V
X	Y	Z

n	o	p
q	r	s
t	u	v
x	y	z

MAJUSCULES ITALIQUES.

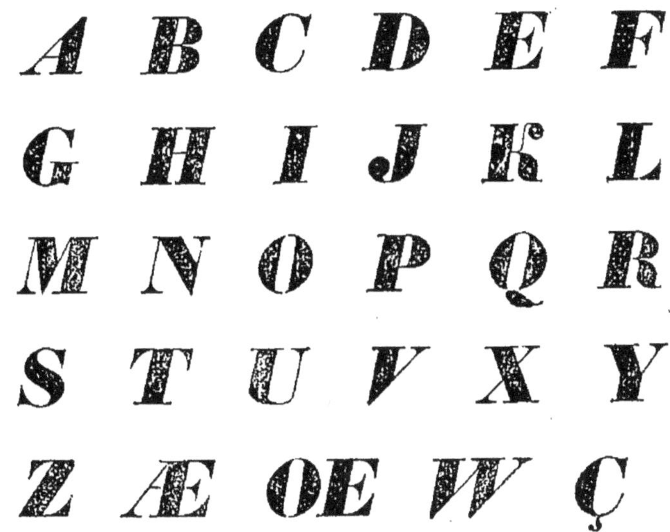

MINUSCULES ITALIQUES.

a b c d e f g h

i j k l m n o p

q r s t u v x

y z æ œ w ç

LETTRES ANGLAISES MAJUSCULES.

A B C D E F G

H I J K L M N

O P Q R S T U

V X Y Z W

Minuscules.

a b c d e f g h i j k l m n o

p q r s t u v x y z æ w ç

LETTRES RONDES MAJUCULES.

A B C D E F G H I

J K L M N O P Q R

S T U V X Y Z W

Minuscules.

a b c d e f g h i j k l m n o

p q r s t u v x y z æ w

Les lettres doubles

æ œ fi ffi

fl ffl ff w

CHIFFRES ARABES.

1. 2. 3. 4. 5. 6. 7. 8. 9. 0.

CHIFFRES ROMAINS.

I. II. III. IV. V. VI. VII. VIII. IX. X.

PONCTUATION.

Apostrophe (') l'orage.
Trait-d'union (-) porte-feuilles.
Guillemets (« «)
Parenthèses ()
Point et Virgule (;)
Deux Points (:)
Point (.)
Point d'interrogation (?)
Point d'exclamation (!)

Voyelles.

a e i *ou* y o u

Syllabes.

ba	be	bi	bo	bu
ca	ce	ci	co	cu
da	de	di	do	du
fa	fe	fi	fo	fu
ga	ge	gi	go	gu
ha	he	hi	ho	hu
ja	je	ji	jo	ju
ka	ke	ki	ko	ku
la	le	li	lo	lu
ma	me	mi	mo	mu
na	ne	ni	no	nu
pa	pe	pi	po	pu

qua	que	qui	quo	quu
ra	re	ri	ro	ru
sa	se	si	so	su
ta	te	ti	to	tu
va	ve	vi	vo	vu
xa	xe	xi	xo	xu
za	ze	zi	zo	zu

---

ab	eb	ib	ob	ub
ac	ec	ic	oc	uc
ad	ed	id	od	ud
af	ef	if	of	uf
ag	eg	ig	og	ug
ah	eh	ih	oh	uh
ak	ek	ik	ok	uk
al	el	il	ol	ul

am	em	im	om	um
an	en	in	on	un
ap	ep	ip	op	up
aq	eq	iq	oq	uq
ar	er	ir	or	ur
as	es	is	os	us
at	et	it	ot	ut
av	ev	iv	ov	uv
ax	ex	ix	ox	ux
az	ez	iz	oz	uz

---

bla	ble	bli	blo	blu
bra	bre	bri	bro	bru
cha	che	chi	cho	chu
cla	cle	cli	clo	clu
cra	cre	cri	cro	cru

dra dre dri dro dru
gla gle gli glo glu
gna gne gni gno gnu
gra gre gri gro gru
pha phe phi pho phu
pla ple pli plo plu
pra pre pri pro pru
tla tle tli tlo tlu
tra tre tri tro tru

Lettres accentuées.

é (aigu)
à è ù (graves)
â ê î ô û (circonflexes)
ë ï ü (trémas)
ç (cédille)

Mots d'une seule syllabe n'ayant qu'un son.

Pain.	**Doigt.**	**Vin.**
Lait.	**Mois.**	**Blé.**
Eau.	**Mars.**	**Main.**
Art.	**Zinc.**	**Pied.**
Vent.	**Nord.**	**Froid.**
Sol.	**Pluie.**	**Chat.**
Son.	**Mer.**	**Rat.**
Vert.	**Pont.**	**Four.**
Noir.	**Pré.**	**Mort.**
Blanc.	**Œil.**	**Dent.**
Nuit.	**Mai.**	**Jour.**
Or.	**Juin.**	**Plomb.**
Char.	**Tour.**	**Gris.**
Faim.	**Chaud.**	**Roux.**

Mots à épeler, composés de deux syllabes ou deux sons.

Pa-pa.	**Châ-teau.**
Ma-man.	**Cou-sin.**
Ver-tu.	**Cor-beau.**
Gâ-teau.	**Ca-nif.**
Pa-pier.	**Cou-teau.**
Poi-reau.	**Sou-ris.**
En-fant.	**Or-pin.**
Tau-reau.	**Or-geat.**
Che-val.	**Mou-ton.**
Cor-don.	**Ton-neau.**
Dé-mon.	**Vio-lon.**
Mai-son.	**Ci-ment.**
Jar-din.	**Ni-veau.**
Gi-let.	**Char-don.**

Mots à épeler, composés de trois syllabes ou de trois sons.

Li-ma-çon.	**Tein-tu-rier.**
Hor-lo-ger.	**Tri-bu-nal.**
Cos-tu-mier.	**E-che-lon.**
Li-ber-té.	**Pa-pil-lon.**
His-to-rien.	**Im-pri-meur.**
Ven-dre-di.	**E-pe-ron.**
Pi-é-té.	**Mir-li-ton.**
E-cu-reuil.	**Mé-dail-lon.**
Ri-ve-rain.	**Me-nui-sier.**
Bû-che-ron.	**Cha-ren-ton.**
Bou-lan-ger.	**Vi-gne-ron.**
Sub-mer-gé.	**Po-ti-ron.**
Tri-ni-té.	**O-ran-ger.**
Mer-cre-di.	**As-sem-blé.**

Bri-ga-dier. A-mi-don.
Cha-ri-té. Ni-co-las.
Car-nas-sier. In-dul-gent.
Cru-au-té. Ca-fe-tier.
Char-la-tan. Ce-ri-sier.
Al-pha-bet. Mu-le-tier.
E-ta-pier. Cha-pe-lain.
Cho-co-lat. Ba-bil-lard.
Vé-ri-té. Ba-che-lier.
Dé-lé-gué. Ca-bi-net.
Ca-va-lier. Dé-bi-teur.
Con-si-gner. A-lam-bic.
Con-ti-nent. Sou-ve-nir.
Des-ti-née. Lé-gi-on.
Mo-ri-bond. A-vo-cat.
Sen-ti-ment. Dé-bi-tant.

Mots à épeler, de quatre syllabes ou quatre sons.

Phi-lo-so-phie.
Eu-cha-ris-tie.
Ma-çon-ne-rie.
E-ga-le-ment.
Or-tho-gra-phie.
Mé-lan-co-lie.
Pu-bli-que-ment.
Pro-chai-ne-ment.
E-lo-quem-ment.
Glou-ton-ne-rie.
Cons-truc-ti-on.
Cor-rec-ti-on.
Per-ti-nem-ment.
Per-fec-ti-on.

Mots à épeler, de cinq syllabes ou cinq sons.

Cor-di-a-li-té.
Ad-mi-ra-ble-ment.
Sou-ve-rai-ne-té.
Cou-ra-geu-se-ment.
Na-tu-rel-le-ment.
Ins-ti-tu-ti-on.
In-dé-ter-mi-né.
Ré-so-lu-ti-on.
Pro-di-ga-li-té.
Clan-des-ti-ne-ment.
Cha-ri-ta-ble-ment.
In-su-bor-don-né.
In-fi-dé-li-té.
In-dis-tinc-te-ment.

Mots de six syllabes, ou six sons.

E-co-no-mi-que-ment.
Per-fec-ti-bi-li-té.
Im-pé-tu-eu-se-ment.
As-so-ci-a-ti-on.
O-pi-ni-â-tre-té.
Ins-tru-men-ta-ti-on.
O-ri-gi-na-li-té.
Ma-thé-ma-ti-que-ment.
A-bo-mi-na-ti-on.
Re-com-man-da-ti-on.
Phi-lo-so-phi-que-ment.
Ma-thé-ma-ti-que-ment.
Per-fec-ti-on-ne-ment.
Im-pé-tu-o-si-té.
Mor-ti-fi-ca-ti-on.

Phrases à épeler, divisées par syllabes.

J'ai-me bien pa-pa.

Je ché-ris ma-man.

Grand-pa-pa me don-ne-ra des i-ma-ges.

Mon frè-re est à la pro-me-na-de.

Ma sœur é-tu-die sa le-çon.

Si je suis bien sa-ge, je se-rai ré-com-pen-sé.

Ma-man est con-ten-te de moi, elle me con-dui-ra chez ma tan-te; nous

i-rons nous pro-me-ner au Jar-din des Plan-tes.

Mon on-cle m'a a-che-té un beau jeu de quil-les et un cerf-vo-lant.

Les en-fans doi-vent o-bé-ir à leurs pa-rens: sans ce-la Dieu les pu-ni-rait. Ils doi-vent aus-si res-pect à la vieil-les-se.

Il faut a-voir pi-tié des pau-vres et leur fai-re l'au-mô-ne lors-que nous le pou-vons; Dieu nous en tien-dra comp-te.

Un en-fant ba-bil-lard

et rap-por-teur n'est ai-mé de per-son-ne ; ses ca-ma-ra-des le re-bu-tent et le fuient.

Un en-fant do-ci-le et o-bé-is-sant est ai-mé de tout le mon-de ; il est la joie de ses pa-rens.

Phrases à lire.

Le premier devoir des enfans doit être de remercier Dieu de tous ses bienfaits.

Les petits enfans seront bénis s'ils sont reconnaissans envers le bon Dieu. Ils doivent le prier chaque jour de conserver la santé de leurs parens.

Dieu a créé tout ce qui existe sur la terre et dans le ciel; il a fait le soleil qui nous éclaire et qui nous échauffe, ainsi que la lune et les étoiles.

Sans le soleil les plantes ne pourraient pousser, et les hommes et les animaux périraient de froid. La lune sert à nous éclairer la nuit; elle est bien moins grande que la terre, tandis que le soleil est infiniment plus gros.

La terre tourne autour du soleil : la lune tourne autour de la terre.

Il y a quatre élémens sur notre globe, savoir: l'air, la terre, l'eau et le feu. Sans la terre l'homme ne pourrait manger; sans l'air il ne pourrait respirer; sans l'eau il ne pourrait boire; sans feu il périrait de froid.

L'homme a cinq sens ou cinq manières d'exercer ou de sentir ce qui l'entoure:

Il voit avec les yeux; il entend avec les oreilles; il goûte avec la langue et le palais; il flaire ou respire les odeurs avec le nez; il touche avec tout le corps et surtout avec les mains.

Les oiseaux habitent

la terre et les airs. L'aigle est le roi des oiseaux.

Les poissons habitent les eaux. La baleine est le plus gros des poissons.

Le requin est le plus vorace de tous les poissons de la mer.

Le chien aboie.
Le chat miaule.
Le cochon grogne.
L'ours gronde.
Le loup hurle.
Le lion rugit.
Le renard glapit.
Le corbeau coasse.

La grenouille croasse.
Le serpent siffle.
Le cheval hennit.
Le taureau mugit.
Le bœuf beugle.
L'âne brait.
Le mouton bêle.
Le perroquet parle.
Le rossignol chante.

La terre produit tout ce qui est nécessaire à la nourriture de l'homme et des animaux.

C'est dans la terre que l'on trouve le fer, l'or, l'argent, le marbre, etc.

Sur la terre il croît toutes sortes d'arbres: les uns ne portent pas de fruits, comme le chêne, l'orme, le peuplier, le sapin, l'érable, etc.; ils servent à faire des planches, des meubles, à bâtir des maisons; les moins gros sont coupés en bûches pour le chauffage.

Les principaux arbres fruitiers sont le poirier, le pommier, le pêcher, l'abricotier, la vigne, le cerisier, le groseiller, l'oranger, le citronnier, le prunier, le noyer, etc.

La terre produit un grand nombre de plantes. Il y en a de potagères, de médicinales et d'agrément.

Les principales plantes potagères sont le chou, la carotte, le pois, la pomme de terre, l'artichaut, le haricot, les raves, le potiron, la laitue, le persil, la ciboule, le céleri, les salsifis, les lentilles, l'oseille, etc.

Les plantes médicinales les plus utiles sont le pavot, la gentiane, la fumeterre, la guimauve, la patience, etc.

Les plantes d'agrément les plus remarquables sont la primevère, l'œillet, la giroflée, le lis, la tubéreuse, le jasmin, l'anémone, la violette, le lilas, la marguerite, l'iris, la tulipe, et surtout la rose, que l'on appelle la *reine des fleurs*.

C'est dans la mer, dans les rivières et dans les étangs que l'on pêche les poissons qui servent à la nourriture de l'homme. On les prend avec des filets ou des hameçons.

L'homme se nourrit aussi de la chair de plusieurs animaux, tels que le bœuf, le veau, le mouton, le porc, etc.

Parmi les oiseaux qui servent à la nourriture de l'homme, sont les oies, les poules, les canards, les dindons, les pigeons, les chapons, etc.

Il y a aussi quelques animaux sauvages dont la chair est bonne à manger, tels que le lièvre, le chevreuil, le faisan, la perdrix, etc.

Dieu a tout disposé sur la terre pour le bien de l'homme; c'est à lui à en profiter par son travail et sa bonne conduite.

Ane vêtu de la peau du Lion (l') | *Berger et son Troupeau (le)*

Corbeau voulant (le) imiter l'Aigle | *Dauphin et le Singe (le)*

Eléphant et le Rat (l') | *Fermier le Chien et le Renard (le)*

ALPHABET
DES PETITS FABULISTES.

A L'Ane vêtu de la peau du Lion.

Un âne avait trouvé une peau de lion, il s'en affubla le mieux qu'il put, puis il s'amusa à courir le pays.

A sa vue chacun, saisi de terreur, se mit à fuir.

Malheureusement pour l'âne, un bout de ses longues oreilles sortait de la peau de lion; son maître le reconnut et le reconduisit au moulin à coups de gaule.

Ceux qui ne savaient pas la ruse de l'âne, s'étonnaient de ce qu'on chassât avec le bâton les lions au moulin.

Cet exemple nous enseigne que les gens qui empruntent les apparences d'un mérite ou de talens qu'ils n'ont pas, sont tôt ou tard reconnus et appréciés à leur juste valeur.

B Le Berger et son Troupeau.

Le berger Guillot se désolait de ce que chaque jour le loup lui enlevait quelque mouton.

Il s'en prenait à son troupeau, en disant : ils étaient plus de mille, et ils m'ont laissé ravir mon pauvre Robin, qui m'aurait suivi jusqu'au bout du monde pour un peu de pain!

Cela dit, il harangua le troupeau, le conjurant de tenir ferme, et disant qu'il suffirait de faire bonne contenance pour écarter les loups. Tous, depuis les chefs jusqu'au moindre agneau, promirent de ne pas bouger, et d'étouffer le glouton qui avait mangé Robin.

Guillot les crut; cependant avant la nuit un loup parut, tout le troupeau s'enfuit. Ce n'était pas un loup cependant, ce n'en était que l'ombre.

Ne comptez pas sur les promesses de méchans soldats; au

moindre danger, adieu tout leur courage.

C

Le Corbeau voulant imiter l'Aigle.

Un corbeau vit un jour un aigle qui enlevait un mouton. Il voulut sur l'heure en faire autant.

Il tourne à l'entour du troupeau, choisit le mouton le plus gras et fond dessus.

Le pauvre corbeau s'aperçut bien vite qu'un mouton est plus lourd qu'un fromage.

La toison était d'une épaisseur extrême, et il empêtra si bien ses serres qu'il ne put faire retraite.

Le berger vint, le prit et le mit en cage pour amuser ses enfans.

Ceci nous apprend que certains exemples ne sont pas bons à suivre. Il faut savoir se rendre justice, et ne pas entreprendre ce qui est au-dessus de nos forces.

D

Le Dauphin et le Singe.

Un navire fit naufrage à peu de distance de la ville d'Athènes: sans les dauphins tout eût péri; mais cet animal qui, dit-on, est fort ami de l'homme, en sauva autant qu'il put.

A bord du navire se trouvait un singe. Un dauphin le prenant pour un homme, le fit asseoir sur son dos; il allait le déposer à terre, lorsqu'il s'avisa de lui demander s'il était d'Athènes. Eh!

sans doute, répond le singe, on m'y connaît fort; mes parens y tiennent le premier rang. Et le Pirée a aussi quelquefois l'honneur de votre présence, ajouta le dauphin? Certainement, s'écria le magot, qui prit ici le nom d'un port pour celui d'un homme, il est mon ami!

Le dauphin se mit à rire de la bévue; il tourne la tête, et voit qu'il n'a tiré de l'eau qu'une bête. Il le replonge, et va chercher quelque homme pour le sauver.

Un ignorant qui veut se donner l'apparence de ce qu'il n'est pas, se trahit toujours par quelque chose.

E

L'Éléphant et le Rat.

Un rat des plus petits, mais rempli de vanité, voyait un éléphant chargé de son équipage et portant une sultane, son chien, son chat et sa guenon.

Le rat raillait l'éléphant sur sa marche un peu lente. Il s'étonnait que les gens fussent touchés de voir cette pesante masse.

Qu'admirez-vous tant en lui, vous autres hommes? disait-il. Pour moi, je ne me prise pas, tout petit que je suis, d'un grain de moins que le plus gros éléphant.

A ces mots, un chat qu'il n'avait pas aperçu, sauta sur lui, et fit voir au pauvre rat qu'il n'était pas un éléphant.

N'écoutons pas la vanité et l'orgueil, qui nous conduiraient à notre perte!

F

Le Fermier, le Chien et le Renard.

Un fermier oublia un soir de fermer son poulailler. Un renard affamé guettait depuis longtemps autour de la ferme.

Il attendit que tout le monde, maître, valets et chien, fût endormi, et il entra dans le poulailler. Il y fit un épouvantable carnage : coqs, poules, canards, tout fut égorgé. Le renard se retire, laissant les morts à terre, et emportant ce qu'il peut.

Le lendemain, à la vue de ce désastre, le fermier jetant les hauts

Grenouille et le Bœuf (la)

Huître et le Rat (l')

Idole de bois et l'homme (l')

Jupiter et le Métayer

K onzième lettre de l'Alphabet

Lion et le Rat (le)

cris, s'en prit surtout a son chien.

Maudit animal, lui dit-il, tu n'es bon qu'à noyer; que ne m'avertissais-tu dès le commencement du carnage?

Que ne l'évitiez-vous, en fermant le poulailler? répondit le chien. Si vous, maître de la maison, dormez les portes ouvertes, comment voulez-vous que moi, qui n'ai aucun intérêt à la chose, je me prive de repos?

Ce chien avait raison, mais le fermier trouva que son raisonnement ne valait rien, et sangla le pauvre animal.

Le malheur du fermier nous enseigne qu'il faut veiller nous-mêmes à nos affaires.

G La Grenouille et le Bœuf.

Une grenouille vit un bœuf dont elle admira la taille, elle qui égalait à peine la grosseur d'un œuf.

Remplie d'envie, elle s'étend et se gonfle pour égaler l'animal en grosseur, disant à une autre grenouille, sa voisine: Regardez bien, est-ce assez? dites moi; n'y suis-je point encore? — Non, répond la voisine. — M'y voici donc? — Point du tout. — M'y voilà? — Vous n'en approchez pas.

La chétive pécore s'enfla si bien qu'elle en creva.

C'est l'orgueil et la vanité qui

perdirent cette grenouille. Combien de gens ne sont pas plus sages, et tombent en voulant s'élever au-dessus de leur condition!

L'Huître et le Rat.

Un jeune rat s'avisa un jour de quitter le toit paternel pour courir le monde.

Au bout de quelques jours il arriva sur le bord de la mer, où se trouvaient plusieurs huîtres que le flot avait déposées sur le sable.

Notre rat était sans cervelle et sans expérience; il les prit d'abord pour des vaisseaux de haut bord.

Une des huîtres venait de s'ouvrir au soleil; la vue de sa chair blanche et grasse réjouit le jeune rat. C'est quelque victuaille! dit-il; et, si je ne me trompe, je dois faire aujourd'hui bonne chère, ou jamais.

Là-dessus notre rat, plein de belle espérance, approche de l'écaille, allonge un peu le cou et se sent pris, car l'huître tout à coup se referme.

L'ignorance nous conduit quelquefois à notre perte.

I L'Idole de bois et l'Homme.

Un Païen gardait chez lui une idole de bois pour laquelle il avait beaucoup de vénération.

Tous les jours c'étaient des offrandes et des sacrifices en l'honneur du faux dieu.

Cependant aucun des vœux de notre Païen n'était exaucé; il avait beau demander à son idole, succession, trésor, gain au jeu, rien ne lui arrivait!

Bien plus, s'il survenait un orage, une calamité quelconque, notre homme en avait sa bonne part.

Las de prier en vain, et se fâchant tout de bon de ne rien obtenir, le Païen prend un levier et brise la statue; il la trouve remplie de pièces d'or.

—

Quand je t'ai fait du bien, lui dit-il, m'as-tu valu seulement une obole? va, sors de mon logis; tu ressembles aux naturels malheureux, grossiers et stupides, dont on ne peut rien tirer qu'avec le bâton.

J

Jupiter et le Métayer.

Jupiter eut un jour une ferme à donner. Bien des gens se présentèrent et firent des offres.

L'un d'eux, plus hardi que les autres, en offrit davantage, pourvu que Jupiter le laissât disposer des saisons à sa guise, qu'il eût du chaud, du froid, du beau temps, de la pluie à sa volonté.

Jupiter y consent. Le contrat est passé, et notre homme fait un climat pour lui seul. Il fait pleuvoir, venter, neiger à sa volonté : il tranche du roi des airs.

Ses plus proches voisins ne s'en sentaient pas le moins du monde ; ils eurent une bonne année, une riche moisson.

Le fermier de Jupiter fut au contraire fort mal partagé. L'année suivante il change de système, et retourne les saisons.

Ses voisins prospérèrent encore, et lui fut ruiné.

Concluons que la Providence sait mieux que nous ce qu'il nous faut.

K

K est la onzieme lettre de l'alphabet, et la septième des consonnes.

L

Le Lion et le Rat.

Entre les pattes d'un lion un rat sortit de terre assez étourdiment. Le roi des animaux se montra généreux en cette occasion ; il lui fit grâce de la vie.

Ce bienfait ne fut pas perdu ; aurait-on jamais pu croire qu'un lion pût avoir besoin d'un rat?

Cependant, au sortir d'un bois, ce lion fut pris dans un filet; il eut beau rugir, il ne put s'en débarrasser, lorsque le rat accourut, et fit tant, par ses dents, qu'une maille rongée emporta tout l'ouvrage.

Il faut, autant qu'on le peut, obliger tout le monde. On a souvent besoin d'un plus petit que soi.

M

La Mouche et le Coche.

Dans un chemin montant et sablonneux, six forts chevaux tiraient un coche. Les voyageurs étaient descendus, l'attelage suait, soufflait, et faisait des efforts inouis.

Une mouche survint, qui, voltigeant autour des chevaux, piquant l'un, piquant l'autre, prétendait les exciter par son bourdonnement.

Elle s'imagine que c'est elle qui fait marcher la lourde voiture. Elle va, elle vient, elle fait l'empressée ; elle s'indigne de l'inaction des voyageurs, et se plaint de ce qu'elle agit seule.

Après bien du travail, le coche arriva en haut de la montée. Respirons maintenant, dit la mouche : J'ai tant fait, que nos gens sont arrivés dans la plaine. Ça, messieurs les chevaux, payez-moi de ma peine ?

Il y a certaines gens qui font les empressés, les nécessaires, et qui, souvent, ne sont que des importuns qui devraient être chassés.

N

Le Nuage et les Paysans.

Guillot disait à Lucas : Vois-tu venir là-bas ce gros nuage noir ? il nous annonce un grand malheur.

Pourquoi, répond Guillot?

Pourquoi? regarde; ce nuage est de la grêle qui va abîmer la récolte : tout sera détruit en un moment; dans trois mois la famine sera au village, puis viendra la peste, et nous péririons tous.

Calme-toi, répond Guillot; je vois tout le contraire. Ce nuage porte de la pluie. La terre est sèche depuis long-temps; il va arroser les champs. La récolte sera superbe, et nous serons tous dans l'opulence.

Lucas soutient le contraire; la querelle s'échauffe, et ils allaient se gourmer, lorsque le vent emporta au loin le nuage.

Lucas et Guillot, près de se battre au sujet d'un nuage, nous prouvent qu'il ne faut pas se disputer pour des choses qui n'arriveront peut-être jamais.

L'Ours et les deux Compagnons.

Deux compagnons ayant besoin d'argent, vendirent à un fourreur la peau d'un ours encore vivant, qu'ils se croyaient certains de tuer.

Le marché arrêté, ils se mirent en quête. Tout-à-coup ils virent l'ours s'avancer vers eux au trot.

Nos compagnons, a cette vue, furent frappés comme d'un coup de foudre. L'un grimpa sur un arbre, l'autre se coucha par terre, et fit le mort.

L'ours approche, il tourne et retourne ce corps, il le croit privé de vie. C'est, dit-il, un cadavre, éloignons-nous, car il sent. A ces mots, il rentre dans la forêt.

Le chasseur, monté sur l'arbre, descend aussitôt, et court à son compagnon, qui avait eu plus de peur que de mal.

Que t'a-t-il dit à l'oreille? car il t'approchait de bien près.

Il m'a dit qu'il ne faut jamais vendre la peau de l'ours, qu'on ne l'ait jeté par terre.

—

P Le Pêcheur et le petit Poisson.

Un petit poisson fut pris par un pêcheur au bord d'une rivière. Tout fait nombre, dit l'homme; voici le commencement d'un festin : mettons-le dans le panier.

Le pauvre carpillon lui dit aussitôt : Que ferez-vous de moi? je ne saurais fournir plus d'une demi-bouchée. Laissez-moi devenir carpe, vous me repêcherez, et vous me vendrez bien cher; au lieu qu'il vous en faut cent de ma taille pour faire un plat.

Poisson, mon bel ami, lui répondit le pêcheur, vous irez dans la poêle; dès ce soir on vous fera frire.

Petit poisson deviendra grand, si Dieu lui prête vie; mais le lâcher serait folie, car on n'est pas certain de le rattraper.

Un tiens vaut mieux que deux tu l'auras; l'un est sûr, l'autre ne l'est pas.

Q La Queue et la Tête du Serpent.

Le serpent a deux parties ennemies du genre humain : la tête et la queue.

Il survint un jour entr'elles de grands débats au sujet de la préséance. La tête avait toujours marché la première, la queue réclamait cet honneur.

Elle s'adressa au ciel, demandant qu'à son tour on la laissât précéder la tête sa sœur, promettant de la conduire si bien qu'on ne se plaindrait de rien.

Le ciel eut une bonté cruelle pour ce vœu, en accordant la demande.

La queue, qui ne voyait pas plus clair que dans un four, allait en plein jour donner contre un rocher, se jeter entre les jambes d'un passant, se heurter contre un arbre.

Elle fit si bien, que droit aux enfers elle mena sa sœur.

Un guide ignorant ou inexpérimenté est une chose fatale.

Mouche et le Coche. (la.)

Nuage et les Paysans (le)

Ours et les deux Compagnons (l')

Pecheur et le petit Poisson (le)

Queue et la Tête du Serpent (la)

Renard et la Cigogne (le)

R

Le Renard et la Cigogne.

Compère renard retint un jour à dîner la cigogne. Le repas fut simple et sans apprêts, car il vivait sobrement.

Il avait pour seul plat un brouet clair, qu'il servit dans une assiette.

La cigogne, avec son long bec, n'en put attraper la moindre miette, tandis que le renard eut lappé le tout en un moment.

La cigogne, voulant se venger de cette tromperie, invita le renard à son tour.

A l'heure dite, l'invité courut au logis de son hôtesse. Le dîner était cuit à point; le renard, qui était en appétit, se réjouissait à l'odeur des mets.

Mais, pour l'embarrasser, la viande, mise en menus morceaux, fut servie dans un vase à long col et d'étroite embouchure. Le bec de la cigogne pouvait bien y passer, mais non le museau du renard. Il lui fallut à jeun retourner au logis, honteux, la queue entre les jambes, et portant l'oreille basse.

—

Le trompeur trouve ordinairement plus fin que lui.

S **Le Savetier et le Financier.**

Un savetier chantait du matin jusqu'au soir. Il avait pour voisin un financier qui ne dormaît guères, et qui chantait encore moins.

Quelquefois il sommeillait au point du jour; alors les chants du joyeux savetier venaient troubler son sommeil.

Un jour le financier fit venir le savetier, et lui dit: Je veux vous rendre heureux; prenez ces cent écus, et gardez-les soigneusement pour vous en servir au besoin.

Le savetier n'avait jamais vu tant d'argent; il retourne chez lui et enterre son trésor dans sa cave.

Dès ce moment le savetier, ne pensant plus qu'à son argent, fut tourmenté par la crainte qu'on ne le volât.

Il cessa de chanter et ne dormit plus : tout le jour il avait l'œil au guet et il était accablé de soucis.

A la fin, le pauvre homme courut chez le financier, qu'il ne réveillait plus, et lui dit : Rendez-moi mes chansons et mon sommeil, et reprenez vos cent écus.

Mieux vaut que l'argent, le contentement et la paix du cœur.

T

La Tortue et le Lièvre.

La tortue paria un jour avec le lièvre qu'elle arriverait avant lui à un but désigné.

Le lièvre pensa que la tortue devenait folle; cependant il accepta le pari, et l'on convint des enjeux.

Au signal donné, la tortue part; mais le lièvre, qui méprise une telle victoire, croit qu'il y va de son honneur de partir tard. Il broute, se repose et s'amuse en route.

Enfin, tout à coup il s'aperçoit que la tortue touche presque au but. Il partit comme un trait; mais les élans qu'il fit furent inutiles, la tortue arriva la première. Eh bien! lui cria-t-elle, n'avais-je pas raison, à quoi vous sert votre vitesse? et que serait-ce si, comme moi, vous portiez votre maison sur votre dos?

Une marche lente, mais constante et suivie, conduit plus tôt au but que des efforts interrompus par les plaisirs et les distractions.

U

Ulysse et ses Compagnons.

Ulysse et ses compagnons erraient depuis dix ans sur la mer, lorsqu'ils abordèrent dans l'île où demeurait Circé.

Cette célèbre magicienne leur fit prendre un breuvage délicieux qui les transforma en bêtes : l'un devint lion, un autre loup, etc.

Le seul Ulysse échappa par sa prudence à ce piége. Il fit si bien, que Circé le prit en affection, et lui promit de rendre à ses compagnons leur figure.

Ulysse, plein de joie, courut

vers eux : Chers amis, leur dit-il, vous allez redevenir hommes; déjà on vous rend la parole.

Le lion répondit aussitôt : je ne suis pas si fou que de renoncer aux dons que je viens d'acquérir; j'ai griffes et dents, et mets en pièces qui m'attaque, je suis actuellement roi; en redevenant homme, tu me rendrais peut-être simple soldat.

L'ours à son tour ne voulut point changer d'état. Il vivait libre, content, sans souci et sans travail, disait-il.

Ulysse va proposer au loup de lui rendre sa forme. Quitte ces bois et redeviens, au lieu de loup, homme de bien!

Vous m'accusez, lui dit le loup,

d'avoir mangé des moutons; ne les auriez-vous pas mangés sans moi? Si j'étais homme, aimerais-je moins le carnage? Pour un mot, quelquefois, vous vous étranglez tous.

Tout bien considéré, je veux rester ce que je suis.

Ulysse s'adressa aux autres animaux, et partout il reçut la même réponse.

En suivant leurs passions, ils se croyaient libres, tandis qu'ils étaient esclaves d'eux-mêmes.

Le Villageois et le Serpent.

Un villageois aperçut, un jour d'hiver, un serpent étendu

Savetier et le Financier (le) | *Tortue et le lièvre (la)*

Ulysse et ses Compagnons | *Villageois et le Serpent (le)*

sur la neige. Il était immobile et à demi-gelé.

Le villageois le prend et l'emporte chez lui, l'étend le long du foyer, l'échauffe et le ressuscite.

L'animal, engourdi, sent à peine la chaleur, que la colère lui revient avec l'âme. Il lève un peu la tête et siffle. Puis il fait un long repli, puis tâche de faire un saut contre son bienfaiteur.

Ingrat, dit le villageois! voilà donc ma récompense? Tu mourras. A ces mots, plein de courroux, il vous prend sa cognée et tue la bête.

Il n'est point d'ingrat qui ne soit tôt ou tard puni, et qui ne meure misérable.

X

Xantus et Esope.

Esope était esclave du philosophe Xantus. Il était fort disgracié de la nature, mais il se rendit célèbre par son esprit. On lui attribue un grand nombre de fables.

Xantus en faisait le plus grand cas, et suivait assez souvent ses conseils.

Un jour que Xantus buvait avec ses disciples, il se livra, malgré les avis d'Esope, à une telle intempérance, qu'il perdit la raison, et se vanta qu'il boirait la mer.

Il paria sa maison, et déposa son anneau pour gage de sa parole.

Mais le lendemain, lorsque l'ivresse fut dissipée, et qu'Esope lui rappela sa ridicule gageure, Xantus commença à se désoler de la perte de sa maison.

Esope lui enseigna alors un moyen de se tirer d'affaire.

Quand le jour pris pour l'exécution de la gageure fut arrivé, tout le peuple accourut au rivage pour voir ce que ferait le philosophe.

Celui de ses disciples qui avait parié contre lui triomphait déjà, lorsque Xantus, prenant la parole, dit: Messieurs, j'ai véritablement gagé que je boirais la mer, mais non les fleuves qui entrent dedans. Ainsi arrêtez les fleuves, et je remplirai ma promesse.

Le disciple avoua qu'il était vaincu, et demanda pardon à son maître.

Ce trait nous montre les suites fâcheuses de l'intempérance, et, sans l'expédient trouvé par Esope, Xantus perdait sa maison, et devenait la risée de la ville.

Y

L'Y est la vingt-quatrième lettre de l'alphabet; on la considère comme une sixième voyelle. L'Y, entre deux consonnes, n'a pas d'autre son que l'*i*, comme dans *style*, *martyr*; mais, entre deux voyelles, cette lettre tient lieu de deux *ii*, comme dans *paysan*, *moyen*.

Z

Zéphire.

Zéphire est une divinité de la fable; il était fils d'Eole et d'Aurore, et présidait aux vents d'ouest; mais il soufflait avec tant de douceur, et, néanmoins, tant de puissance, qu'il rendait la vie aux arbres.

Il épousa la déesse Flore, dont il eut plusieurs enfans, que l'on nommait Zéphirs.

Les Zéphirs sont des vents doux et légers : les peintres et les poètes les représentaient sous la forme d'enfans ayant des ailes de papillon.

LES ANIMAUX MALADES DE LA PESTE.

Voyez le Cul-de-Lampe du Titre.

Un mal terrible faisait la guerre aux animaux. Tous étaient frappés de la peste. Beaucoup mouraient ; d'autres se traînaient languissamment, sans force et sans courage.

Le lion tint conseil, et leur dit : Mes chers amis, je crois que le ciel nous a envoyé ce fléau pour nous punir de nos péchés.

Que le plus coupable d'entre nous se sacrifie aux traits de la colère céleste; peut-être obtiendra-t-il la guérison commune!

Pour moi, afin de donner l'exemple, j'avouerai que j'ai mangé force moutons qui ne m'avaient fait aucun mal; même il m'est arrivé quelquefois de manger le berger. Je me dévouerai s'il le faut; mais que chacun s'accuse à son tour.

Sire, dit le renard, vous êtes trop scrupuleux. Manger des moutons, est-ce un péché? non, non; en les croquant, vous leur fîtes beaucoup d'honneur. Quant au berger, il méritait son sort, étant de ces gens qui s'attribuent sur les animaux un injuste empire.

Le renard fut applaudi par les nombreux flatteurs de la cour du lion.

On n'osa trop approfondir les méfaits du tigre, de l'ours et des autres animaux querelleurs ou redoutables; tous étaient irréprochables, au dire de chacun.

L'âne vint à son tour, et dit : J'ai souvenance que passant dans un pré, la faim et l'occasion, l'herbe tendre me poussant, je tondis de ce pré la largeur de ma langue. Je n'en avais nul droit, et je fis mal sans doute.

A ces mots chacun cria haro sur le baudet. Un loup prouva que ce maudit âne, ce pelé, ce galeux, était la cause du mal. Manger l'herbe d'autrui! quel crime abominable! Et le pauvre âne, qui n'avait fait qu'une peccadille, fut sacrifié.

On retrouve ici l'image de la justice des hommes, qui souvent absout les grands et punit les petits!

FIN.

TABLE
DE MULTIPLICATION.

2 fois	2 font	4
2	3	6
2	4	8
2	5	10
2	6	12
2	7	14
2	8	16
2	9	18
2	10	20
2	11	22
2	12	24
2	13	26
2	14	28
2	15	30

3 fois	3 font	9
3	4	12
3	5	15
3	6	18
3	7	21
3	8	24
3	9	27
3	10	30
3	11	33
3	12	36
3	13	39
3	14	42
3	15	45

4 fois	4 font	16
4	5	20
4	6	24
4	7	28
4	8	32
4	9	36
4	10	40
4	11	44
4	12	48
4	13	52
4	14	56
4	15	60

5 fois	5 font	25
5	6	30
5	7	35
5	8	40
5	9	45
5	10	50
5	11	55
5	12	60
5	13	65
5	14	70
5	15	75

6 fois	6 font	36
6	7	42
6	8	48
6	9	54
6	10	60
6	11	66
6	12	72
6	13	78
6	14	84
6	15	90

7 fois	7 font	49
7	8	56
7	9	63
7	10	70
7	11	77
7	12	84
7	13	91
7	14	98
7	15	105

8 fois	8 font	64
8	9	72
8	10	80
8	11	88
8	12	96
8	13	104
8	14	112
8	15	120

9 fois	9 font	81
9	10	90
9	11	99
9	12	108
9	13	117
9	14	126
9	15	135

10 fois	10 font	100
10	11	110
10	12	120
10	13	130
10	14	140
10	15	150

11 fois	11 font	121
11	12	132
11	13	143
11	14	154
11	15	165

12 fois	12 font	144
12	13	156
12	14	168
12	15	180

13 fois	13 font	169
13	14	182
13	15	195

14 fois	14 font	196
14	15	210

15 fois	15 font	225
15	16	240
15	17	255
15	18	270
15	19	285
15	20	300

Imprimerie de J. MORONVAL, rue Galande, 65.

www.ingramcontent.com/pod-product-compliance
Lightning Source LLC
LaVergne TN
LVHW020432230826
846091LV00004B/1467

* 9 7 8 2 0 1 6 1 1 3 0 7 3 *